KB172761

양치기 소년
狼来了
Láng lái le
J PLUS
Language Publishing Co.

일러두기♡

☆ 내가 알고 있는 이야기를 중국어로 읽어보자!!

재미있는 세계 명작 이야기를 예쁜 그림, 쉬운 표현으로 읽다 보면 중국어 실력도 쑥쑥 늘어날 거예요.
배운 내용은 다양한 문제로 풀어보기도 하고 친구들과 함께 간단한 역할극을 하며 동화 속 주인공이 되어 읽어 보아요.

☆ QR로 듣고 보는 이야기책!!

책에 있는 QR코드로 모든 음원을 스마트폰으로 바로 보고 들을 수 있어요.
동영상은 유튜브에서 "중국어세계명작"을 검색하세요.

QR 음원 듣기

QR 동영상 보기

단어도 익혀요.

주인공 소개☆

양치기 소년

장난기가 심하고 거짓말을 잘 한다. 나중에 자신의 거짓말로 인해 큰 위험에 처한다.

늑대

양을 잡아 먹으러 오는 동물로 양치기 소년의 양을 노린다.

양

주인공인 양치기 소년의 소중한 친구이자 보물이다.

从前，有一个牧童，每天都去山上放羊。

Cóngqián, yǒu yí ge mùtóng, měitiān dōu qù shān shàng fàngyáng.

从前 cóngqián 옛날
牧童 mùtóng 양치기 소년
放羊 fàngyáng 양을 돌보다

一天，牧童在山上放羊，
Yì tiān, mùtóng zài shān shàng fàngyáng,

大人们在山下耕田。
dàrénmen zài shān xià gēngtián.

一天 yì tiān 하루
大人 dàrén 어른
耕田 gēngtián 밭일을 하다

Track 02

牧童说：“这样放羊太[1]没有意思了，
Mùtóng shuō: “Zhèyàng fàngyáng tài méiyǒuyìsi le,

我得做点儿[2]有意思的[3]事。”
wǒ děi zuò diǎnr yǒuyìsi de shì.”

1 太~ tài 너무 ~하다
2 做点儿 zuò diǎnr 做一点儿의 줄임말, 어떤 일을 좀 해야겠다
3 有意思的事 yǒuyìsi de shì 재미있는 일

得 děi ~해야 한다

于是，他大声喊:“狼来了！狼来了！”
Yúshì, tā dàshēng hǎn: “Láng lái le! Láng lái le!”

于是 yúshì 그래서
大声 dàshēng 큰소리
喊 hǎn 소리치다
狼 láng 늑대

大人们听见了赶紧去救他。
Dàrénmen tīngjiànle gǎnjǐn qù jiù tā.

赶紧 gǎnjǐn 재빨리
救 jiù 구하다
听见 tīngjiàn 듣다

牧童笑着说:“没有狼!没有狼!我是说着玩[4]的。”

Mùtóng xiàozhe shuō: “Méi yǒu láng! Méi yǒu láng! Wǒ shì shuōzhe wán de.”

4 说着玩 shuōzhe wán 농담하다

笑 xiào 웃다
着 zhe ~하면서

Track 04

第二天，牧童又说谎：
Dì èr tiān, mùtóng yòu shuōhuǎng:

“狼来了！狼来了！”
“Láng lái le! Láng lái le!”

说谎 shuōhuǎng 거짓말을 하다
第二天 dì èr tiān 이튿날

善良的大人们又跑过去救他。

Shànliáng de dàrénmen yòu pǎo guòqù jiù tā.

善良 shànliáng 착하다
跑过去 pǎo guòqù 달려가다

牧童哈哈大笑，说:“我是说着玩的。”
Mùtóng hāhā dà xiào, shuō: “Wǒ shì shuōzhe wán de.”

哈哈 hāhā 하하(웃음소리)

第三天，狼真的来了，
Dì sān tiān, láng zhēn de lái le,

牧童害怕极了，他大声喊：
mùtóng hàipà jí le, tā dàshēng hǎn:

害怕 hàipà 무서워하다
极了 jí le 앞에 있는 형용사의 정도를 강조하는 말

“狼来了！狼来了！狼真的来了！”

“Láng lái le! Láng lái le! Láng zhēn de lái le!”

山下的人们听见了说:“这孩子，又在说谎话了。”
Shān xià de rénmen tīngjiànle shuō: “Zhè háizi, yòu zài shuō huǎnghuà le.”

说谎话 shuō huǎnghuà 거짓말을 하다

Track 07

没有一个人去救他，
Méi yǒu yí ge rén qù jiù tā,

结果他的羊全被狼吃光[5]了。
jiéguǒ tā de yáng quán bèi láng chīguāng le.

5 被~吃光 bèi~chīguāng ~에게 잡아먹히다

结果 jiéguǒ 결국
全 quán 모두
光 guāng 아무것도 남아 있지 않다

牧童只好坐在地上大哭。
Mùtóng zhǐhǎo zuò zài dì shàng dà kū.

只好 zhǐhǎo ~할 수밖에 없다
哭 kū 울다

단어 쑥쑥

Track 08

동영상 보기

放羊	fàngyáng	양을 돌보다
耕田	gēngtián	밭일을 하다
喊	hǎn	소리치다
救	jiù	구하다
听见	tīngjiàn	듣다
笑	xiào	웃다
说谎	shuōhuǎng	거짓말을 하다
跑过去	pǎo guòqù	달려가다
说谎话	shuō huǎnghuà	거짓말을 하다
哭	kū	울다

从前	cóngqián	옛날
牧童	mùtóng	양치기 소년
一天	yì tiān	하루
大人	dàrén	어른
大声	dàshēng	큰 소리
狼	láng	늑대
第二天	dì èr tiān	이튿날

得	děi	~해야 한다
于是	yúshì	그래서
赶紧	gǎnjǐn	재빨리
着	zhe	~하면서
善良	shànliáng	착하다
哈哈	hāhā	하하(웃음소리)
害怕	hàipà	무서워하다
极了	jí le	앞에 있는 형용사의 정도를 강조하는 말
结果	jiéguǒ	결국
全	quán	모두
光	guāng	아무것도 남아 있지 않다
只好	zhǐhǎo	~할 수 밖에 없다

표현 쑥쑥

- 太~ tài — 너무 ~하다
- 做点儿 zuò diǎnr — 做一点儿의 줄임말, 어떤 일을 좀 해야겠다
- 有意思的事 yǒuyìsi de shì — 재미있는 일
- 被~吃光 bèi~chīguāng — ~에게 잡아먹히다
- 说着玩 shuōzhe wán — 농담하다

1 병음을 읽고 알맞은 그림과 한자를 연결하세요.

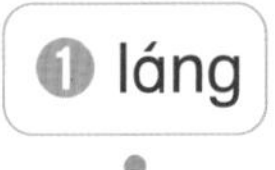

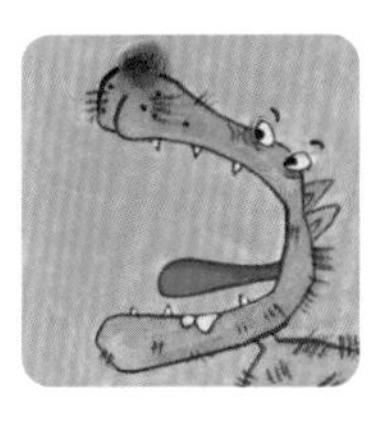

大人　　大哭　　吃光　　狼

2 다음 단어를 보고 알맞은 병음에 ◯ 하세요.

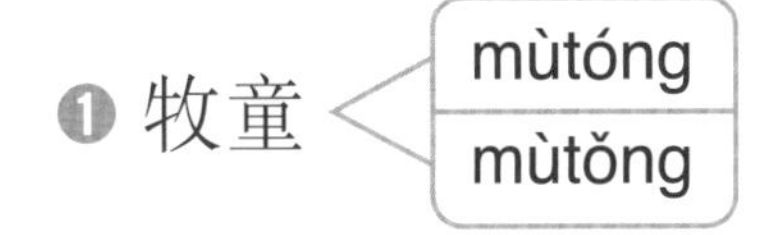

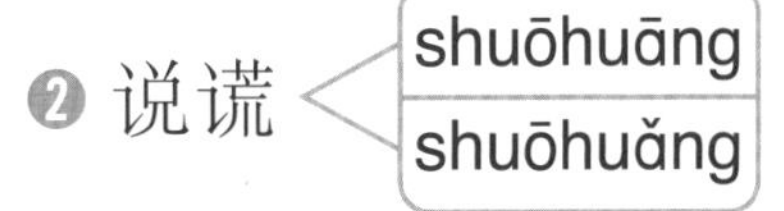

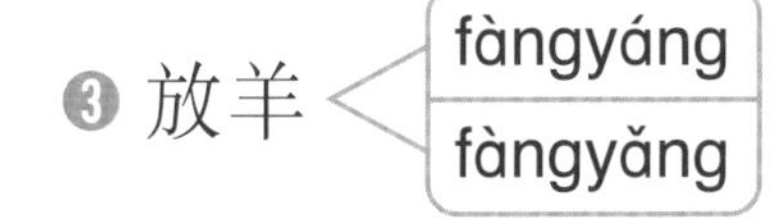

3 빈칸에 들어갈 알맞은 말을 고르세요.

① “这样放羊 (大 | 太) 没有意思了。” “이렇게 양을 돌보면 너무 재미가 없어.”
“Zhèyàng fàngyáng tài méi yǒuyìsi le.”

② “没有狼！没有狼！我是说 (着 | 过) 玩的。” “늑대는 없어요. 제가 장난한 거에요.”
“Méi yǒu láng! Méi yǒu láng! Wǒ shì shuōzhe wán de.”

▶ 잘 듣고 빈칸에 들어갈 글자의 기호를 써 넣은 다음, 큰 소리로 읽어보세요.

Track 09

보기

ⓐ吃光 ⓑ放羊 ⓒ说着玩 ⓓ谎话 ⓔ狼来了

1 옛날에 양치기 소년이 있었습니다. 소년은 매일 양들을 데리고 산으로 갔습니다.

从前，有一个牧童，每天都去山上（　　）。

Cóngqián, yǒu yí ge mùtóng, měitiān dōu qù shān shàng fàngyáng.

2 그리고는 큰 소리로 외쳤습니다. "늑대다! 늑대가 나타났다!"

于是，他大声喊："（　　）！（　　）！"

Yúshì, tā dàshēng hǎn: "Láng lái le! Láng lái le!"

3 "늑대는 없어요. 그냥 제가 장난한 거에요."

"没有狼！没有狼！我是（　　）的。"

"Méi yǒu láng! Méi yǒu láng! Wǒ shì shuōzhe wán de."

4 "저 아이가 또 거짓말을 하는 거군."

"这孩子，又在说（　　）了。"

"Zhè háizi, yòu zài shuō huǎnghuà le."

5 결국 양치기 소년의 양들은 늑대가 전부 잡아 먹었습니다.

结果他的羊全被狼（　　）了。

Jiéguǒ tā de yáng quán bèi láng chīguāng le.

이야기를 읽고 다음 질문에 알맞은 답을 고르세요.

1 谁到山上放羊? 누가 산에 가서 양을 돌보나요?
Shéi dào shān shàng fàngyáng?

❶ 大人 dàrén ❷ 狼 láng ❸ 牧童 mùtóng

2 牧童说了什么谎话? 양치기 소년은 어떤 거짓말을 했나요?
Mùtóng shuōle shénme huǎnghuà?

❶ 说狼来了。 Shuō láng lái le. ❷ 说羊没有了。 Shuō yáng méi yǒu le. ❸ 说爸爸来了。 Shuō bàba lái le.

3 把羊吃光的是谁? 누가 양을 다 잡아 먹었나요?
Bǎ yáng chīguāng de shì shéi?

❶ 狼 láng ❷ 牧童 mùtóng ❸ 大人 dàrén

4 大人们在做什么? 어른들은 무엇을 하고 있었나요?
Dàrénmen zài zuò shénme?

❶ 说谎 shuōhuǎng ❷ 耕田 gēngtián ❸ 放羊 fàngyáng

5 狼真的来了吗? 늑대는 정말로 나타났나요?
Láng zhēn de lái le ma?

❶ 来了。 Lái le. ❷ 没来。 Méi lái. ❸ 不知道。 Bù zhīdào.

그림 보고 말해요

그림을 보고 상황에 맞는 표현을 연결해 보세요.

❶ 

❷ 

❸ 

牧童只好坐在地上大哭。
Mùtóng zhǐhǎo zuò zài dì shàng dà kū.

牧童在山上放羊，
Mùtóng zài shān shàng fàngyáng,
大人们在山下耕田。
dàrénmen zài shān xià gēngtián.

大人们听见了赶紧去救他。
Dàrénmen tīngjiànle gǎnjǐn qù jiù tā.

양치기소년이 거짓말을 해서 어떻게 되었나요? 평소에 거짓말을 하게 되면 나중엔 우리의 말을 아무도 안 믿어줘요. 우리는 절대로 거짓말을 해서는 안 돼요!

牧童说了谎话结果怎么样?
Mùtóng shuōle huǎnghuà jiéguǒ zěnmeyàng?

平时我们说谎话，后来就没有人会听我们的话了。
Píngshí wǒmen shuō huǎnghuà, hòulái jiù méi yǒu rén huì tīng wǒmen de huà le.

我们绝对不能说谎话喔！
Wǒmen juéduì bù néng shuō huǎnghuà wō!

앞에서 읽은 이야기의 순서에 맞게 번호를 써 보세요.

	他大声喊:“狼来了！狼来了！” Tā dàshēng hǎn: “Láng lái le! Láng lái le!”	
	没有一个人去救他，结果他的羊全被狼吃光了。 Méi yǒu yí ge rén qù jiù tā, jiéguǒ tā de yáng quán bèi láng chīguāng le.	
	第三天，狼真的来了，牧童害怕极了。 Dì sān tiān, láng zhēn de lái le, mùtóng hàipà jí le.	
	牧童说:“这样放羊太没有意思了， Mùtóng shuō: “Zhèyàng fàngyáng tài méi yǒuyìsi le, 我得做点儿有意思的事。” wǒ děi zuò diǎnr yǒuyìsi de shì.”	
	大人们听见了赶紧去救他。 Dàrénmen tīngjiànle gǎnjǐn qù jiù tā.	

왼쪽과 오른쪽 그림을 보고 어디가 다른지 찾아보세요. (총 5개)

상황1

등장인물 나레이션 / 양치기 소년 / 마을 주민

상황설명 양치기 소년이 심심해서 마을 사람들에게 거짓말을 하는 장면

나레이션	从前，有一个牧童，每天都去山上放羊。 Cóngqián, yǒu yí ge mùtóng, měitiān dōu qù shān shàng fàngyáng. 옛날에, 양치기 소년이 있었습니다. 소년은 매일 양들을 데리고 산으로 갔습니다.
양치기 소년	(심심한 듯 누워서 말한다.) “这样放羊太没有意思了，我得做点儿有意思的事。” “Zhèyàng fàngyáng tài méi yǒuyìsi le, wǒ děi zuò diǎnr yǒuyìsi de shì.” 이렇게 양을 돌보면 너무 재미가 없어. 뭔가 신나는 일을 해봐야지.
나레이션	于是，他大声喊： Yúshì, tā dàshēng hǎn: 그리고는 큰 소리로 외쳤습니다.
양치기 소년	(일어나서는 큰소리로 외친다.) “狼来了！狼来了！” “Láng lái le! Láng lái le!” 늑대다! 늑대가 나타났다!
마을 주민	(헐레벌떡 멀리서 뛰어 들어온다.) “什么事？什么事？有什么事吗？” “Shénme shì? Shénme shì? Yǒu shénme shì ma?” 무슨 일? 무슨 일? 무슨 일이 있는 거니?
양치기 소년	(얄밉게 웃으면서 말한다.) “没有狼！没有狼！我是说着玩的。” “Méi yǒu láng! Méi yǒu làng! Wǒ shì shuōzhe wán de.” 늑대는 없어요. 그냥 제가 장난한 거에요.

상황2

등장인물 나레이션 / 늑대 / 양치기 소년 / 마을 주민

상황설명 양치기 소년의 계속된 장난 후에 진짜 늑대가 등장하여 다급하게 도움을 구하는 장면

나레이션	第三天，狼真的来了，牧童害怕极了，他大声喊： Dì sān tiān, láng zhēn de lái le, mùtóng hàipà jí le, tā dàshēng hǎn: 그 다음 날 정말로 늑대가 나타났습니다. 양치기 소년은 너무나 무서워서 큰 소리로 외쳤습니다.
늑대	(멀리서 군침을 흘리며 걸어오며) "我要把这些羊全都吃掉。" "Wǒ yào bǎ zhèxiē yáng quán dōu chīdiào." 내가 이 양들을 모두 잡아 먹겠다.
양치기 소년	(멀리서 다가오는 늑대를 보고 놀라서 큰 소리로 외친다.) "狼来了！狼来了！狼真的来了！" "Láng lái le! Láng lái le! Láng zhén de lái le!" 늑대다! 늑대다! 늑대가 정말로 나타났다!
마을 주민	(농사일을 하며 관심 없다는 표정으로 혀를 차면서) "这孩子，又在说谎话了。" "Zhè háizi, yòu zài shuō huǎnghuà le." 저 아이가 또 거짓말을 하는군.
양치기 소년	"不，不。这次是真的！狼真的来了！相信我！" "Bù, bù. Zhè cì shì zhēn de! Láng Zhēn de lái le! Xiāngxìn wǒ!" 아니에요, 아니에요. 진짜 늑대가 나타났어요. 믿어주세요.
나레이션	没有一个人去救他，结果他的羊全被狼吃光了。牧童只好坐在地上大哭。 Méi yǒu yí ge rén qù jiù tā, jiéguǒ tā de yáng quán bèi láng chīguāng le. Mùtóng zhǐhǎo zuò zài dì shàng dà kū. 아무도 양치기 소년을 구하러 가지 않았고 결국 양치기 소년의 양들은 늑대가 전부 잡아먹었습니다. 소년은 어쩔 수 없이 바닥에 앉아서 큰 소리로 울었습니다.

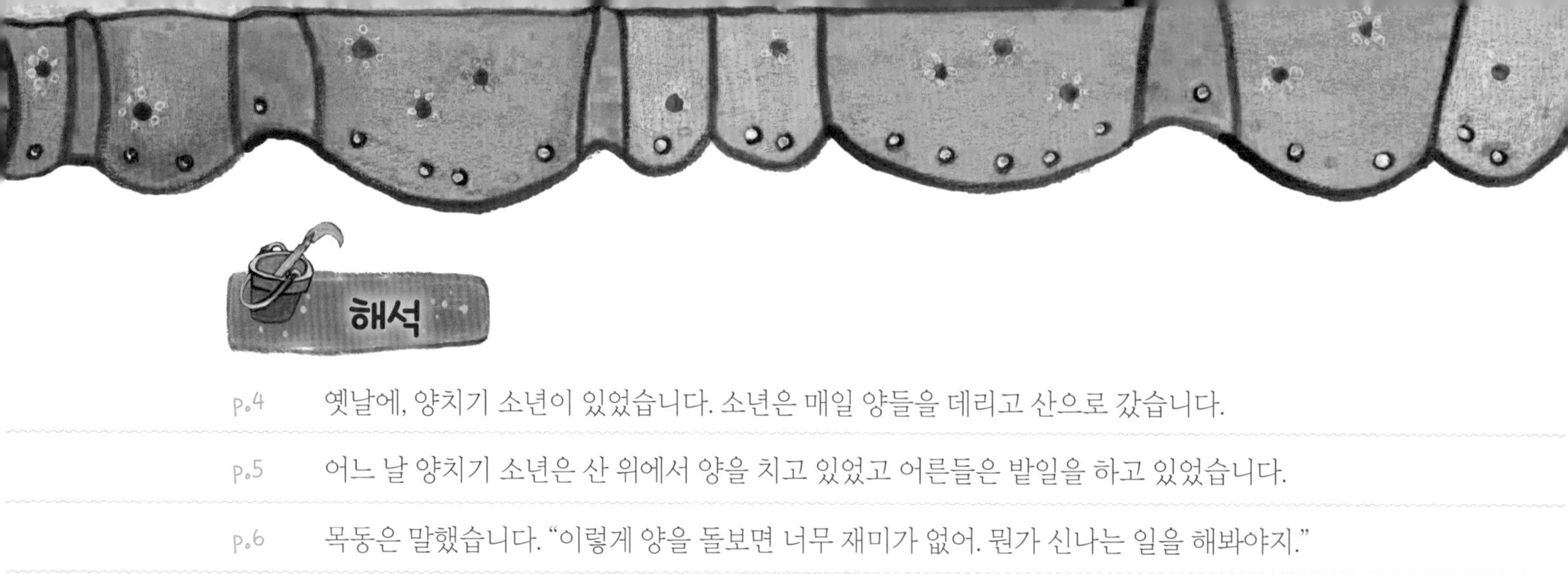

해석

p.4 옛날에, 양치기 소년이 있었습니다. 소년은 매일 양들을 데리고 산으로 갔습니다.

p.5 어느 날 양치기 소년은 산 위에서 양을 치고 있었고 어른들은 밭일을 하고 있었습니다.

p.6 목동은 말했습니다. "이렇게 양을 돌보면 너무 재미가 없어. 뭔가 신나는 일을 해봐야지."

p.7 그리고는 큰 소리로 외쳤습니다. "늑대다! 늑대가 나타났다! "

p.8 어른들은 그 소리를 듣고 황급히 소년을 구하러 갔습니다.

p.9 그러자 이 모습을 본 양치기 소년은 "늑대는 없어요. 그냥 제가 장난한 거에요."라고 했습니다.

p.10 이튿날 양치기 소년은 또 거짓말을 했습니다. "늑대다! 늑대가 나타났다!"

p.11 착한 어른들은 또 소년을 구하러 달려갔습니다.

p.12 그러자 소년은 큰 소리로 웃으며 "제가 장난한 거에요."라고 했습니다.

p.13 그 다음 날 정말로 늑대가 나타났습니다. 양치기 소년은 너무나 무서워서 큰 소리로 외쳤습니다.

p.14 "늑대다! 늑대다! 늑대가 정말로 나타났다!"

p.15 그러나 산 아래에 있던 어른들은 말했습니다. "저 아이가 또 거짓말을 하는군."

p.16 아무도 양치기 소년을 구하러 가지 않았고 결국 양치기 소년의 양들은 늑대가 전부 잡아먹었습니다.

p.17 소년은 어쩔 수 없이 바닥에 앉아서 큰 소리로 울었습니다.

p.4 从前，有一个牧童，每天都去山上放羊。

p.5 一天，牧童在山上放羊，大人们在山下耕田。

p.6 牧童说：“这样放羊太没有意思了，我得做点儿有意思的事。”

p.7 于是，他大声喊：“狼来了！狼来了！”

p.8 大人们听见了赶紧去救他。

p.9 牧童笑着说：“没有狼！没有狼！我是说着玩的。

p.10 第二天，牧童又说谎：“狼来了！狼来了！”

p.11 善良的大人们又跑过去救他。

p.12 牧童哈哈大笑，说：“我是说着玩的。”

p.13 第三天，狼真的来了，牧童害怕极了，他大声喊：

p.14 “狼来了！狼来了！狼真的来了！”

p.15 山下的人们听见了说：“这孩子，又在说谎话了。”

p.16 没有一个人去救他，结果他的羊全被狼吃光了。

p.17 牧童只好坐在地上大哭。

p.19

1 ❶ láng ❷ dàrén ❸ dà kū ❹ chīguāng

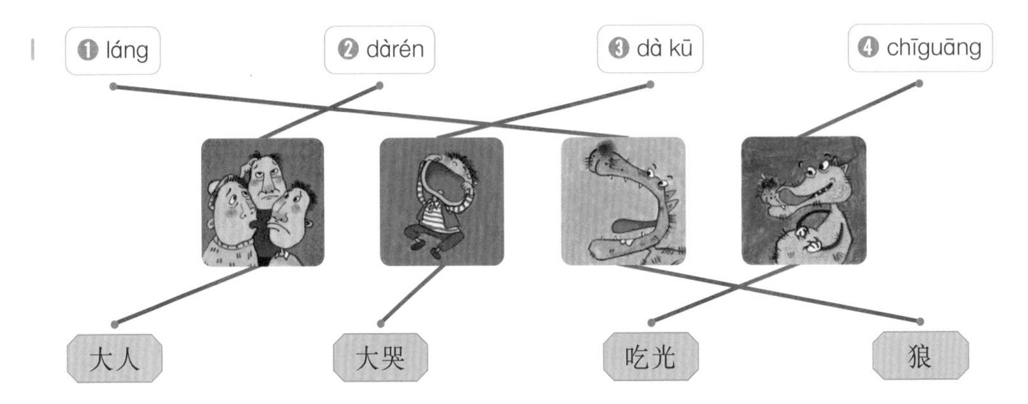

大人 大哭 吃光 狼

2 ❶ 牧童 – mùtóng / mùtǒng ❷ 说谎 – shuōhuāng / shuōhuǎng ❸ 放羊 – fàngyáng / fàngyǎng

3 ❶ “这样放羊(大 / 太)没有意思了。” ❷ “没有狼! 没有狼! 我是说(着 / 过)玩的。”

p.20

1 ⓑ
2 ⓔ ⓔ
3 ⓒ
4 ⓓ
5 ⓐ

p.21

1 ❸
2 ❶
3 ❶
4 ❷
5 ❶

p.22

牧童只好坐在地上大哭。
Mùtóng zhǐhǎo zuò zài dì shàng dà kū.

牧童在山上放羊，
Mùtóng zài shān shàng fàngyáng,
大人们在山下耕田。
dàrénmen zài shān xià gēngtián.

大人们听见了赶紧去救他。
Dàrénmen tīngjiànle gǎnjǐn qù jiù tā.

p.23

	他大声喊："狼来了！狼来了！" Tā dàshēng hǎn: "Láng lái le! Láng lái le!"	2
	没有一个人去救他，结果他的羊全被狼吃光了。 Méi yǒu yí ge rén qù jiù tā, jiéguǒ tā de yáng quán bèi láng chīguāng le.	5
	第三天，狼真的来了，牧童害怕极了。 Dì sān tiān, láng zhēn de lái le, mùtóng hàipà jí le.	4
	牧童说："这样放羊太没有意思了， Mùtóng shuō: "Zhèyàng fàngyáng tài méi yǒuyìsi le, 我得做点儿有意思的事。" wǒ děi zuò diǎnr yǒuyìsi de shì."	1
	大人们听见了赶紧去救他。 Dàrénmen tīngjiànle gǎnjǐn qù jiù tā.	3

p.24~25

편저 이은아

중국 남개대학교 법학과 졸업
이화여자대학교 통번역대학원 한중통역과 졸업
前 울산 화교 초등학교 담임교사
前 삼성, 현대 등 다수 기업 동시통역
现 SK China 사내 동시 통역사

중국어 세계 명작 시리즈 ❶

양치기 소년 狼来了

Láng lái le

개정2판1쇄 2023년 12월 1일
편저 이은아
삽화 김민선
발행인 이기선
발행처 제이플러스
주소 서울시 마포구 월드컵로 31길 62
전화 02-332-8320
등록번호 제10-1680호
등록일자 1998년 12월 9일
홈페이지 www.jplus114.com
ISBN 979-11-5601-242-9

값 16,000원